Goals Journal

Goal Setting Planner

This Journal Belongs To

_____

GOAL

DATE [   ]

STEPS   DONE

[1] --   ☐
[2] --   ☐
[3] --   ☐
[4]   ☐

GOAL

DATE [   ]

STEPS   DONE

[1] --   ☐
[2] --   ☐
[3] --   ☐
[4]   ☐

GOAL

DATE [   ]

STEPS   DONE

[1] --   ☐
[2] --   ☐
[3] --   ☐
[4]   ☐

GOAL

DATE [   ]

STEPS

DONE

1
2
3
4

☐
☐
☐
☐

GOAL

DATE [   ]

STEPS

DONE

1
2
3
4

☐
☐
☐
☐

GOAL

DATE [   ]

STEPS

DONE

1
2
3
4

☐
☐
☐
☐

GOAL

DATE

STEPS

DONE

1

2

3

4

GOAL

DATE

STEPS

DONE

1

2

3

4

GOAL

DATE

STEPS

DONE

1

2

3

4

GOAL

DATE

STEPS

DONE

1

2

3

4

GOAL

DATE

STEPS

DONE

1

2

3

4

GOAL

DATE

STEPS

DONE

1

2

3

4

GOAL

DATE

STEPS

DONE

1

2

3

4

GOAL

DATE

STEPS

DONE

1

2

3

4

GOAL

DATE

STEPS

DONE

1

2

3

4

GOAL

DATE

STEPS

DONE

1 --- ☐

2 --- ☐

3 --- ☐

4 ☐

GOAL

DATE

STEPS

DONE

1 --- ☐

2 --- ☐

3 --- ☐

4 ☐

GOAL

DATE

STEPS

DONE

1 --- ☐

2 --- ☐

3 --- ☐

4 ☐

GOAL

DATE

STEPS

DONE

1

2

3

4

GOAL

DATE

STEPS

DONE

1

2

3

4

GOAL

DATE

STEPS

DONE

1

2

3

4

GOAL

DATE [   ]

STEPS   DONE

1
2
3
4

GOAL

DATE [   ]

STEPS   DONE

1
2
3
4

GOAL

DATE [   ]

STEPS   DONE

1
2
3
4

GOAL

DATE

STEPS   DONE

1 - ☐

2 - ☐

3 _____ ☐

4   ☐

GOAL

DATE

STEPS   DONE

1 - ☐

2 - ☐

3 _____ ☐

4   ☐

GOAL

DATE

STEPS   DONE

1 - ☐

2 - ☐

3 _____ ☐

4   ☐

GOAL

DATE

STEPS

DONE

1
2
3
4

GOAL

DATE

STEPS

DONE

1
2
3
4

GOAL

DATE

STEPS

DONE

1
2
3
4

GOAL

DATE

STEPS

		DONE
1		☐
2		☐
3		☐
4		☐

GOAL

DATE

STEPS

		DONE
1		☐
2		☐
3		☐
4		☐

GOAL

DATE

STEPS

		DONE
1		☐
2		☐
3		☐
4		☐

GOAL

DATE [   ]

STEPS

DONE

1 [   ] ☐
2 [   ] ☐
3 [   ] ☐
4 [   ] ☐

GOAL

DATE [   ]

STEPS

DONE

1 [   ] ☐
2 [   ] ☐
3 [   ] ☐
4 [   ] ☐

GOAL

DATE [   ]

STEPS

DONE

1 [   ] ☐
2 [   ] ☐
3 [   ] ☐
4 [   ] ☐

GOAL

DATE

STEPS

		DONE
1		☐
2		☐
3		☐
4		☐

GOAL

DATE

STEPS

		DONE
1		☐
2		☐
3		☐
4		☐

GOAL

DATE

STEPS

		DONE
1		☐
2		☐
3		☐
4		☐

GOAL

DATE

STEPS   DONE

1
2
3
4

GOAL

DATE

STEPS   DONE

1
2
3
4

GOAL

DATE

STEPS   DONE

1
2
3
4

GOAL

DATE

STEPS   DONE

1

2

3

4

GOAL

DATE

STEPS   DONE

1

2

3

4

GOAL

DATE

STEPS   DONE

1

2

3

4

GOAL

DATE

STEPS
DONE

1
2
3
4

☐
☐
☐
☐

GOAL

DATE

STEPS
DONE

1
2
3
4

☐
☐
☐
☐

GOAL

DATE

STEPS
DONE

1
2
3
4

☐
☐
☐
☐

GOAL

DATE

STEPS

DONE

1

2

3

4

GOAL

DATE

STEPS

DONE

1

2

3

4

GOAL

DATE

STEPS

DONE

1

2

3

4

GOAL

DATE

STEPS

DONE

1

2

3

4

GOAL

DATE

STEPS

DONE

1

2

3

4

GOAL

DATE

STEPS

DONE

1

2

3

4

GOAL

DATE

STEPS
DONE

1
2
3
4

GOAL

DATE

STEPS
DONE

1
2
3
4

GOAL

DATE

STEPS
DONE

1
2
3
4

GOAL

DATE

STEPS

DONE

1

2

3

4

GOAL

DATE

STEPS

DONE

1

2

3

4

GOAL

DATE

STEPS

DONE

1

2

3

4

GOAL

DATE

STEPS
DONE

1

2

3

4

GOAL

DATE

STEPS
DONE

1

2

3

4

GOAL

DATE

STEPS
DONE

1

2

3

4

GOAL

DATE [   ]

STEPS

DONE

1		☐
2		☐
3		☐
4		☐

GOAL

DATE [   ]

STEPS

DONE

1		☐
2		☐
3		☐
4		☐

GOAL

DATE [   ]

STEPS

DONE

1		☐
2		☐
3		☐
4		☐

GOAL

DATE

STEPS

DONE

1
2
3
4

GOAL

DATE

STEPS

DONE

1
2
3
4

GOAL

DATE

STEPS

DONE

1
2
3
4

GOAL

DATE

STEPS

DONE

1
2
3
4

☐
☐
☐
☐

GOAL

DATE

STEPS

DONE

1
2
3
4

☐
☐
☐
☐

GOAL

DATE

STEPS

DONE

1
2
3
4

☐
☐
☐
☐

GOAL

DATE

STEPS

DONE

1

2

3

4

GOAL

DATE

STEPS

DONE

1

2

3

4

GOAL

DATE

STEPS

DONE

1

2

3

4

GOAL

DATE

STEPS

DONE

1

2

3

4

GOAL

DATE

STEPS

DONE

1

2

3

4

GOAL

DATE

STEPS

DONE

1

2

3

4

GOAL

DATE [ ]

[ ]

STEPS

DONE

1 [ ]
2 [ ]
3 [ ]
4 [ ]

GOAL

DATE [ ]

[ ]

STEPS

DONE

1 [ ]
2 [ ]
3 [ ]
4 [ ]

GOAL

DATE [ ]

[ ]

STEPS

DONE

1 [ ]
2 [ ]
3 [ ]
4 [ ]

GOAL

DATE

STEPS

DONE

1
2
3
4

GOAL

DATE

STEPS

DONE

1
2
3
4

GOAL

DATE

STEPS

DONE

1
2
3
4

GOAL

DATE

STEPS
DONE

1

2

3

4

GOAL

DATE

STEPS
DONE

1

2

3

4

GOAL

DATE

STEPS
DONE

1

2

3

4

GOAL

DATE

STEPS

DONE

1
2
3
4

GOAL

DATE

STEPS

DONE

1
2
3
4

GOAL

DATE

STEPS

DONE

1
2
3
4

GOAL

DATE

STEPS
DONE

1.
2.
3.
4.

GOAL

DATE

STEPS
DONE

1.
2.
3.
4.

GOAL

DATE

STEPS
DONE

1.
2.
3.
4.

GOAL

DATE

STEPS

DONE

1
2
3
4

GOAL

DATE

STEPS

DONE

1
2
3
4

GOAL

DATE

STEPS

DONE

1
2
3
4

GOAL

DATE

STEPS

DONE

1	
2	
3	
4	

GOAL

DATE

STEPS

DONE

1	
2	
3	
4	

GOAL

DATE

STEPS

DONE

1	
2	
3	
4	

GOAL

DATE

STEPS   DONE

1
2
3
4

GOAL

DATE

STEPS   DONE

1
2
3
4

GOAL

DATE

STEPS   DONE

1
2
3
4

GOAL

DATE [   ]

STEPS

		DONE
1		☐
2		☐
3		☐
4		☐

GOAL

DATE [   ]

STEPS

		DONE
1		☐
2		☐
3		☐
4		☐

GOAL

DATE [   ]

STEPS

		DONE
1		☐
2		☐
3		☐
4		☐

GOAL

DATE

STEPS

DONE

1
2
3
4

GOAL

DATE

STEPS

DONE

1
2
3
4

GOAL

DATE

STEPS

DONE

1
2
3
4

GOAL

DATE

STEPS | DONE

1. --- ☐
2. --- ☐
3. --- ☐
4. --- ☐

GOAL

DATE

STEPS | DONE

1. --- ☐
2. --- ☐
3. --- ☐
4. --- ☐

GOAL

DATE

STEPS | DONE

1. --- ☐
2. --- ☐
3. --- ☐
4. --- ☐

GOAL

DATE [   ]

[   ]

STEPS

DONE

[1] [   ] ☐
[2] [   ] ☐
[3] [   ] ☐
[4] [   ] ☐

GOAL

DATE [   ]

[   ]

STEPS

DONE

[1] [   ] ☐
[2] [   ] ☐
[3] [   ] ☐
[4] [   ] ☐

GOAL

DATE [   ]

[   ]

STEPS

DONE

[1] [   ] ☐
[2] [   ] ☐
[3] [   ] ☐
[4] [   ] ☐

GOAL

DATE

STEPS

DONE

1

2

3

4

GOAL

DATE

STEPS

DONE

1

2

3

4

GOAL

DATE

STEPS

DONE

1

2

3

4

GOAL

DATE

STEPS

DONE

1

2

3

4

GOAL

DATE

STEPS

DONE

1

2

3

4

GOAL

DATE

STEPS

DONE

1

2

3

4

GOAL

DATE

STEPS

DONE

1

2

3

4

GOAL

DATE

STEPS

DONE

1

2

3

4

GOAL

DATE

STEPS

DONE

1

2

3

4

GOAL

DATE

STEPS

DONE

1
2
3
4

GOAL

DATE

STEPS

DONE

1
2
3
4

GOAL

DATE

STEPS

DONE

1
2
3
4

GOAL

DATE

STEPS

DONE

1

2

3

4

GOAL

DATE

STEPS

DONE

1

2

3

4

GOAL

DATE

STEPS

DONE

1

2

3

4

GOAL

DATE

STEPS   DONE

1

2

3

4

GOAL

DATE

STEPS   DONE

1

2

3

4

GOAL

DATE

STEPS   DONE

1

2

3

4

GOAL

DATE

STEPS   DONE

[1]
    -         ☐
[2]
    -         ☐
[3]
                                                                   ☐
[4]   ☐

GOAL

DATE

STEPS   DONE

[1]
    -         ☐
[2]
    -         ☐
[3]
                                                                   ☐
[4]   ☐

GOAL

DATE

STEPS   DONE

[1]
    -         ☐
[2]
    -         ☐
[3]
                                                                   ☐
[4]   ☐

GOAL

DATE [   ]

[   ]

STEPS

DONE

1 [-] ☐
2 [-] ☐
3 [_____] ☐
4 [   ] ☐

GOAL

DATE [   ]

[   ]

STEPS

DONE

1 [-] ☐
2 [-] ☐
3 [_____] ☐
4 [   ] ☐

GOAL

DATE [   ]

[   ]

STEPS

DONE

1 [-] ☐
2 [-] ☐
3 [_____] ☐
4 [   ] ☐

GOAL

DATE

STEPS

DONE

1

2

3

4

GOAL

DATE

STEPS

DONE

1

2

3

4

GOAL

DATE

STEPS

DONE

1

2

3

4

GOAL   DATE [   ]
[   ]

STEPS   DONE
[1] [   ] [ ]
[2] [   ] [ ]
[3] [   ] [ ]
[4] [   ] [ ]

GOAL   DATE [   ]
[   ]

STEPS   DONE
[1] [   ] [ ]
[2] [   ] [ ]
[3] [   ] [ ]
[4] [   ] [ ]

GOAL   DATE [   ]
[   ]

STEPS   DONE
[1] [   ] [ ]
[2] [   ] [ ]
[3] [   ] [ ]
[4] [   ] [ ]

GOAL

DATE

STEPS
DONE

1

2

3

4

GOAL

DATE

STEPS
DONE

1

2

3

4

GOAL

DATE

STEPS
DONE

1

2

3

4

GOAL

DATE

STEPS

DONE

1
2
3
4

□
□
□
□

GOAL

DATE

STEPS

DONE

1
2
3
4

□
□
□
□

GOAL

DATE

STEPS

DONE

1
2
3
4

□
□
□
□

GOAL

DATE

STEPS
DONE

1
2
3
4

GOAL

DATE

STEPS
DONE

1
2
3
4

GOAL

DATE

STEPS
DONE

1
2
3
4

GOAL

DATE [ ]

[   ]

STEPS

DONE

1		☐
2		☐
3		☐
4		☐

GOAL

DATE [ ]

[   ]

STEPS

DONE

1		☐
2		☐
3		☐
4		☐

GOAL

DATE [ ]

[   ]

STEPS

DONE

1		☐
2		☐
3		☐
4		☐

GOAL

DATE

STEPS

DONE

1
2
3
4

GOAL

DATE

STEPS

DONE

1
2
3
4

GOAL

DATE

STEPS

DONE

1
2
3
4

GOAL

DATE

STEPS

DONE

1

2

3

4

GOAL

DATE

STEPS

DONE

1

2

3

4

GOAL

DATE

STEPS

DONE

1

2

3

4

GOAL

DATE [   ]

STEPS   DONE

[1]   -   ☐

[2]   -   ☐

[3]   ───────────────────────────────   ☐

[4]   ☐

GOAL

DATE [   ]

STEPS   DONE

[1]   -   ☐

[2]   -   ☐

[3]   ───────────────────────────────   ☐

[4]   ☐

GOAL

DATE [   ]

STEPS   DONE

[1]   -   ☐

[2]   -   ☐

[3]   ───────────────────────────────   ☐

[4]   ☐

GOAL

DATE

STEPS
DONE

1

2

3

4

GOAL

DATE

STEPS
DONE

1

2

3

4

GOAL

DATE

STEPS
DONE

1

2

3

4

GOAL

DATE

STEPS
DONE
1
2
3
4

GOAL

DATE

STEPS
DONE
1
2
3
4

GOAL

DATE

STEPS
DONE
1
2
3
4

GOAL

DATE

STEPS
DONE

1

2

3

4

GOAL

DATE

STEPS
DONE

1

2

3

4

GOAL

DATE

STEPS
DONE

1

2

3

4

GOAL

DATE

STEPS   DONE

1
2
3
4

GOAL

DATE

STEPS   DONE

1
2
3
4

GOAL

DATE

STEPS   DONE

1
2
3
4

GOAL

DATE [ ]

[   ]

STEPS

DONE

1		☐
2		☐
3		☐
4		☐

GOAL

DATE [ ]

[   ]

STEPS

DONE

1		☐
2		☐
3		☐
4		☐

GOAL

DATE [ ]

[   ]

STEPS

DONE

1		☐
2		☐
3		☐
4		☐

GOAL

DATE

STEPS   DONE

1

2

3

4

GOAL

DATE

STEPS   DONE

1

2

3

4

GOAL

DATE

STEPS   DONE

1

2

3

4

GOAL

DATE

STEPS

DONE

1

2

3

4

GOAL

DATE

STEPS

DONE

1

2

3

4

GOAL

DATE

STEPS

DONE

1

2

3

4

GOAL

DATE

STEPS
DONE

1
2
3
4

GOAL

DATE

STEPS
DONE

1
2
3
4

GOAL

DATE

STEPS
DONE

1
2
3
4

GOAL

DATE [   ]

STEPS   DONE

[1] -- ☐
[2] -- ☐
[3] -- ☐
[4]   ☐

GOAL

DATE [   ]

STEPS   DONE

[1] -- ☐
[2] -- ☐
[3] -- ☐
[4]   ☐

GOAL

DATE [   ]

STEPS   DONE

[1] -- ☐
[2] -- ☐
[3] -- ☐
[4]   ☐

GOAL

DATE

STEPS

DONE

1
2
3
4

GOAL

DATE

STEPS

DONE

1
2
3
4

GOAL

DATE

STEPS

DONE

1
2
3
4

GOAL

DATE

STEPS

DONE

1.
2.
3.
4.

□
□
□
□

GOAL

DATE

STEPS

DONE

1.
2.
3.
4.

□
□
□
□

GOAL

DATE

STEPS

DONE

1.
2.
3.
4.

□
□
□
□

GOAL

DATE

STEPS

DONE

1
2
3
4

GOAL

DATE

STEPS

DONE

1
2
3
4

GOAL

DATE

STEPS

DONE

1
2
3
4

GOAL

DATE

STEPS   DONE

1

2

3

4

GOAL

DATE

STEPS   DONE

1

2

3

4

GOAL

DATE

STEPS   DONE

1

2

3

4

GOAL

DATE

STEPS
DONE

1
2
3
4

GOAL

DATE

STEPS
DONE

1
2
3
4

GOAL

DATE

STEPS
DONE

1
2
3
4

GOAL

DATE [ ]

STEPS   DONE

[1] -------------------------------------- [ ]
[2] -------------------------------------- [ ]
[3] -------------------------------------- [ ]
[4] -------------------------------------- [ ]

GOAL

DATE [ ]

STEPS   DONE

[1] -------------------------------------- [ ]
[2] -------------------------------------- [ ]
[3] -------------------------------------- [ ]
[4] -------------------------------------- [ ]

GOAL

DATE [ ]

STEPS   DONE

[1] -------------------------------------- [ ]
[2] -------------------------------------- [ ]
[3] -------------------------------------- [ ]
[4] -------------------------------------- [ ]

GOAL

DATE

STEPS

DONE

1
2
3
4

GOAL

DATE

STEPS

DONE

1
2
3
4

GOAL

DATE

STEPS

DONE

1
2
3
4

GOAL

DATE

STEPS

1

2

3

4

DONE

GOAL

DATE

STEPS

1

2

3

4

DONE

GOAL

DATE

STEPS

1

2

3

4

DONE

GOAL

DATE

STEPS

DONE

1.
2.
3.
4.

GOAL

DATE

STEPS

DONE

1.
2.
3.
4.

GOAL

DATE

STEPS

DONE

1.
2.
3.
4.

GOAL

DATE

STEPS

DONE

1

2

3

4

GOAL

DATE

STEPS

DONE

1

2

3

4

GOAL

DATE

STEPS

DONE

1

2

3

4

GOAL

DATE

STEPS

DONE

1
2
3
4

☐
☐
☐
☐

GOAL

DATE

STEPS

DONE

1
2
3
4

☐
☐
☐
☐

GOAL

DATE

STEPS

DONE

1
2
3
4

☐
☐
☐
☐

GOAL

DATE

STEPS

DONE

1
2
3
4

GOAL

DATE

STEPS

DONE

1
2
3
4

GOAL

DATE

STEPS

DONE

1
2
3
4

GOAL

DATE

STEPS

DONE

1
2
3
4

□
□
□
□

GOAL

DATE

STEPS

DONE

1
2
3
4

□
□
□
□

GOAL

DATE

STEPS

DONE

1
2
3
4

□
□
□
□

GOAL

DATE

STEPS

DONE

1

2

3

4

GOAL

DATE

STEPS

DONE

1

2

3

4

GOAL

DATE

STEPS

DONE

1

2

3

4

GOAL

DATE

STEPS

DONE

1
2
3
4

GOAL

DATE

STEPS

DONE

1
2
3
4

GOAL

DATE

STEPS

DONE

1
2
3
4

GOAL

DATE

STEPS

DONE

1

2

3

4

GOAL

DATE

STEPS

DONE

1

2

3

4

GOAL

DATE

STEPS

DONE

1

2

3

4

GOAL

DATE

STEPS

DONE

1
2
3
4

GOAL

DATE

STEPS

DONE

1
2
3
4

GOAL

DATE

STEPS

DONE

1
2
3
4

GOAL

DATE

STEPS   DONE

1

2

3

4

GOAL

DATE

STEPS   DONE

1

2

3

4

GOAL

DATE

STEPS   DONE

1

2

3

4

GOAL

DATE

STEPS

DONE

1

2

3

4

GOAL

DATE

STEPS

DONE

1

2

3

4

GOAL

DATE

STEPS

DONE

1

2

3

4

GOAL

DATE

STEPS

DONE

1

2

3

4

GOAL

DATE

STEPS

DONE

1

2

3

4

GOAL

DATE

STEPS

DONE

1

2

3

4

GOAL

DATE [ ]

[ ]

STEPS

DONE

1		[ ]
2		[ ]
3		[ ]
4		[ ]

GOAL

DATE [ ]

[ ]

STEPS

DONE

1		[ ]
2		[ ]
3		[ ]
4		[ ]

GOAL

DATE [ ]

[ ]

STEPS

DONE

1		[ ]
2		[ ]
3		[ ]
4		[ ]

GOAL

DATE

STEPS

DONE

1
2
3
4

GOAL

DATE

STEPS

DONE

1
2
3
4

GOAL

DATE

STEPS

DONE

1
2
3
4

GOAL

DATE

STEPS   DONE

1

2

3

4

GOAL

DATE

STEPS   DONE

1

2

3

4

GOAL

DATE

STEPS   DONE

1

2

3

4

GOAL

DATE

STEPS

DONE

1

2

3

4

GOAL

DATE

STEPS

DONE

1

2

3

4

GOAL

DATE

STEPS

DONE

1

2

3

4

GOAL

DATE

STEPS
DONE

1
2
3
4

GOAL

DATE

STEPS
DONE

1
2
3
4

GOAL

DATE

STEPS
DONE

1
2
3
4

GOAL

DATE

STEPS

DONE

1
2
3
4

GOAL

DATE

STEPS

DONE

1
2
3
4

GOAL

DATE

STEPS

DONE

1
2
3
4

GOAL   DATE [   ]
[   ]

STEPS   DONE
[1] -- [ ]
[2] -- [ ]
[3] -- [ ]
[4]   [ ]

GOAL   DATE [   ]
[   ]

STEPS   DONE
[1] -- [ ]
[2] -- [ ]
[3] -- [ ]
[4]   [ ]

GOAL   DATE [   ]
[   ]

STEPS   DONE
[1] -- [ ]
[2] -- [ ]
[3] -- [ ]
[4]   [ ]

GOAL

DATE

STEPS   DONE

1
2
3
4

GOAL

DATE

STEPS   DONE

1
2
3
4

GOAL

DATE

STEPS   DONE

1
2
3
4

GOAL

DATE

STEPS
DONE

1 .... ☐
2 .... ☐
3 _____ ☐
4 ☐

GOAL

DATE

STEPS
DONE

1 .... ☐
2 .... ☐
3 _____ ☐
4 ☐

GOAL

DATE

STEPS
DONE

1 .... ☐
2 .... ☐
3 _____ ☐
4 ☐

GOAL

DATE

STEPS

DONE

1
2
3
4

GOAL

DATE

STEPS

DONE

1
2
3
4

GOAL

DATE

STEPS

DONE

1
2
3
4

GOAL

DATE [_____]

STEPS
DONE

1. - □
2. - □
3. _____ □
4. □

GOAL

DATE [_____]

STEPS
DONE

1. - □
2. - □
3. _____ □
4. □

GOAL

DATE [_____]

STEPS
DONE

1. - □
2. - □
3. _____ □
4. □

GOAL

DATE

STEPS

DONE

1

2

3

4

GOAL

DATE

STEPS

DONE

1

2

3

4

GOAL

DATE

STEPS

DONE

1

2

3

4

GOAL

DATE [ ]

[ ]

STEPS

DONE

1	....	☐
2	....	☐
3	....	☐
4	....	☐

GOAL

DATE [ ]

[ ]

STEPS

DONE

1	....	☐
2	....	☐
3	....	☐
4	....	☐

GOAL

DATE [ ]

[ ]

STEPS

DONE

1	....	☐
2	....	☐
3	....	☐
4	....	☐

GOAL

DATE

STEPS

DONE

1

2

3

4

GOAL

DATE

STEPS

DONE

1

2

3

4

GOAL

DATE

STEPS

DONE

1

2

3

4

GOAL

DATE

STEPS
DONE

1
2
3
4

GOAL

DATE

STEPS
DONE

1
2
3
4

GOAL

DATE

STEPS
DONE

1
2
3
4

GOAL

DATE _____

_____

STEPS

DONE

1	....	☐
2	....	☐
3	_____	☐
4		☐

GOAL

DATE _____

_____

STEPS

DONE

1	....	☐
2	....	☐
3	_____	☐
4		☐

GOAL

DATE _____

_____

STEPS

DONE

1	....	☐
2	....	☐
3	_____	☐
4		☐

Need another Goals Journal?

Visit www.blankbooksnjournals.com

77127435R00059

Made in the USA
Lexington, KY
22 December 2017